Scalpen is leuk!

Deel 3: Hoe kan ik mijn trading resultaten evalueren?

Heikin Ashi Trader

Inhoudsopgave

1. Het Trading journaal als wapen 3
2. De eerste 12 weken van een nieuwe scalper 5
    Week 1 8
    Week 2 14
    Week 3 17
    Week 4 20
    Week 5 23
    Week 6 27
    Week 7 29
    Week 8 31
    Week 9 33
    Week 10 35
    Week 11 37
    Week 12 40
3. Hoe gaat het nu met Jenny? 42
4. Scalpen is een business 43

Andere boeken van Heikin Ashi Trader 44

Over de auteur 51

Colofon 52

1. Het Trading journaal als wapen

Er bestaan niet veel boeken over geldbeheer, en al helemaal niet voor scalpers. Daarom wil ik met dit boek deze kloof dichten en ertoe bijdragen dat deze bepaalde trading stijl beter wordt begrepen. Ik ben ervan overtuigd dat net het geldbeheer de speciale positie van de scalper in het universum van trading strategieën benadrukt.

In dit derde deel van de reeks "Scalpen is leuk!" wil ik door middel van de leercurve van een enkele trader laten zien hoe het trading journaal, en vooral de statistische analyse van deze gegevens, het sterkste argument voor scalpen vormt. Scalpers die over veel trading gegevens beschikken, hebben duidelijk een groot voordeel. Hun gegevens zijn de meest betrouwbare (meest uitgebreide) als het erop aankomt snel en effectief uit je fouten te leren en de drempel naar winst te overschrijden. Vanaf dat moment verandert het trading journaal in een krachtig wapen waarmee de scalper op de markten aan de slag gaat. De gegevens die hij achter de hand heeft, geven hem meer vertrouwen om te handelen. Hij groeit mee met zijn gegevens. Stabiele resultaten zorgen voor meer vertrouwen. Dankzij het vertrouwen bekom je dan ook weer stabielere resultaten.

En bovenal leert de scalper zijn eigen handelen beter te begrijpen. Met de dag zal de trader meer en meer gaan inzien dat handelen en scalpen eigenlijk niet meer is dan een spel dat hij volledig in de hand kan hebben. Door gebruik te maken van het voorbeeld van trading resultaten van een enkele scalper wil ik aantonen hoe deze benadering spannend en uiteindelijk winstgevend kan zijn. Als lezer ervaar je hoe een beginnende trader zijn zelfvertrouwen opbouwt in 3 maanden tijd en hoe hij zich meer en meer bewust wordt van het potentieel van zijn eigen handel. Bereid je voor op een echte financiële thriller. Daar gaan we!

2. De eerste 12 weken van een nieuwe scalper

De trading resultaten die je nu leert kennen, komen van een vrouwelijke trader die ik 3 maanden begeleid heb in mijn mentoring programma. Deze trader bestaat echt en heb ik dus niet verzonnen. De trading resultaten zijn exact degene die ze scoorde tijdens haar eerste drie maanden op de beurs. Ik heb alleen haar naam veranderd omwille van haar privacy en in dit boek verwijs ik dus naar haar onder de naam "Jenny". Jenny heeft me toestemming gegeven om haar resultaten te publiceren.

Ze had weinig ervaring in het handelen, maar ze werd zich bewust van de mogelijkheid om er geld mee te verdienen via mijn eerst boek uit de reeks, "Scalpen is leuk!". Ze was enthousiast en bereid om te leren. Op basis van haar resultaten zullen we alle klassieke fouten herkennen die bijna elke trader maakt in het begin van zijn leerproces. Ik ben Jenny heel dankbaar dat ze mij haar gegevens ter beschikking heeft gesteld voor dit boek. Natuurlijk is het leerproces voor elke trader anders. Maar de opeenvolgende opmerkingen van Jenny's eerste 12 handelsweken kunnen ons misschien duidelijk maken dat het leerproces sneller voltooid kan worden als je je serieus toelegt op een handelsstijl als scalpen. Het is heel eenvoudig: hoe vaker je handelt, hoe sneller je ervaring opdoet.

Scalpers ondergaan processen waar gewone beleggers soms jaren voor nodig hebben. Jenny heeft gedurende deze periode zo'n 1.000 trades uitgevoerd. Het is dus duidelijk dat ze de kans heeft gekregen om snel en effectief te leren handelen, en dat ze die kans ook heeft gegrepen. Ze scalpt trouwens uitsluitend valuta. In het begin handelde ze in verschillende valutaparen, maar geleidelijk aan kwam ze tot het besluit dat het beter zou zijn om zich te specialiseren. Dit resulteert ook uit een sneller leerproces. Op een bepaald moment besloot ze om zich enkel nog met de EUR/USD bezig te houden. Ze deed dit uiteraard omwille van de goede liquiditeit en de kleine spreads in dit valutapaar. Ze had ook voor een ander valutapaar kunnen kiezen, bijvoorbeeld GBP/USD of USD/JPY, maar ze had duidelijk het beste gevoel bij de euro. Ze koos voor een professionele forex makelaar die haar een model op commissie aanbood. Anders dan bij andere forex makelaars, waar de klant "gewoon" de spread betaalt, moet Jenny hier een kleine commissie betalen. Op dat moment bedroeg dit 2,42 euro per round turn voor elke mini lot ($10.000).

In ruil vertoefde ze in uitstekende omstandigheden. Met het model op spread kom je gemakkelijk aan een spread van 1 tot 1,5 pips op de EUR/USD. Met het model op commissie, beperkt zich dit vaak tot slechts 0,2 of 0,4 pips (gemiddeld). Dit is een enorm voordeel. Als de euro nog maar een beetje in haar voordeel beweegt, maakt ze al winst. En laat dat nu net belangrijk zijn bij het scalpen.

Wat de commissies betreft, geef ik ook het exacte bedrag weer dat Jenny betaald heeft. Ondanks de goede omstandigheden was dit niet goedkoop. Je kan nu natuurlijk gaan protesteren dat je met scalpen geen winst kan maken omdat alle winst naar de commissies gaat. Ik ga dit protest niet zomaar terugfluiten. Het is gegrond. Een scalper moet gewoon goed zijn om dit obstakel te trotseren. In het begin is het waarschijnlijk heel moeilijk te geloven dat dit mogelijk is. We gaan nog vaker zien dat Jenny geen geld overhield na aftrek van de commissies, hoewel ze toch een kleine winst boekte op weekbasis. Mijn taak was om haar door deze periode heen te loodsen. Scalpen kan zeer rendabel zijn voor hen die erin slagen om winst over te houden na aftrek van de kosten. Scalpers behoren tot de best betaalde traders op de beurs.

Daarom is het belangrijk om in de leerfase een coach aan je zijde te hebben. Je kan snel ontmoedigd raken als niemand je helpt het licht aan het einde van de tunnel te zien. Ik vond dat het mijn taak was om een zo breed mogelijke basis te creëren voor Jenny's scalping. Later zou ze hier met toenemende ervaring voordeel uit halen. Ervaring opgedaan in de dagelijkse praktijk, dat is wat echt van belang is. Iemand zei ooit dat je 10.000 uren praktijk nodig hebt om niet alleen een talent aan te leren, maar het ook nog eens volledig te beheersen.

We kijken vol bewondering op naar topatleten op hun topprestatieniveaus. We luisteren verrukt naar het concert van de pianist die een Chopin Mazurka voor ons speelt. Maar we horen of zien niets van de duizenden voorafgaande trainingen of repetities. Dit derde boek in de reeks "Scalpen is leuk!" is helemaal gewijd aan deze trainingsoefeningen. We volgen mee met Jenny. We gaan kijken hoe ze van week tot week probeerde een rendabele scalper te worden. We analyseren haar wekelijkse resultaten en bespreken de statistieken van deze gegevens. Ik hoop dus dat dit boek ertoe bijdraagt dat de unieke handelsstijl, gekend als scalping, beter begrepen wordt.

Door haar gebrek aan ervaring had Jenny in het begin geen regels aangaande haar positiegrootte. Ze heeft deze constant gewijzigd, vaak op dezelfde dag. Daarom zullen we de positiegroottes niet opnemen in onze deliberaties, hoewel ik ervan overtuigd ben dat goed doordachte positiegroottes een rol kunnen, en zelfs zouden moeten, spelen in succes. Om het eenvoudig te houden, werken we met de veronderstelling van een verhandelde positiegrootte van $10.000 voor deze periode van 3 maanden. Het aantal pips dat Jenny per trade realiseerde, is van belang. Op basis van deze gegevens willen we leren en regels uitwerken voor het geldbeheer van een scalper. Ik hoop dat het onderwerp, dat misschien "droog" of "saai" lijkt, toch ook een beetje spannend kan zijn. En als laatste, maar daarom zeker niet onbelangrijk, hoop ik dat een beter inzicht in dit onderwerp het beeld verduidelijkt voor wat van belang is bij trading en scalping.

Week 1

Afbeelding 1: Jenny's trades, week 1

						total
Monday	2,5	2,5	1			6
Tuesday	3,8	-7,6	4	1	1	2,2
Wedn.	-10	13	-10	18	5	19
	-25	18	10			
Thursd.	5	3	0,5	3,7	3	-2,8
	-8	-10	-10	10	-2,8	
Friday	8,4	-5	3	-4	-12	
	-9,6					-9,6
week 1						14,8

Jenny heeft 32 trades uitgevoerd in haar eerste week scalpen. De cijfers in de tabel geven het aantal pips weer, plus of min, die ze gescoord heeft. In de eerste week werkte ze met een vaste stop-loss van 10 pips. Dit weten we omdat een aantal verliezende trades effectief gestopt zijn op -10. In deze gevallen zijn de trades afgesloten door het systeem en niet op haar eigen initiatief. Dit was bijvoorbeeld het geval bij de verliezende trades van -4 of -5. Maar we zien ook dat twee verliezende trades verder gingen dan de vastgelegde 10 pips, namelijk op woensdag een verlies van 25 pips en op vrijdag een verlies van 12 pips. Het verlies op vrijdag is te wijten aan slippage. Onder slippage verstaan we het verschil tussen de prijzen waar je uitgevoerd wil worden en waar je effectief wordt uitgevoerd. Dit gebeurt vaker bij stop-loss orders dan men zou denken, vooral omdat deze orders in feite marktorders zijn.

De scalper wil dat zijn positie wordt gesloten van zodra een bepaalde koers bereikt is. Dit wordt gedaan aan "de best mogelijke prijs" en dus aanvaardt de trader het risico op slippage. Vaak doet dit zich voor wanneer snelle bewegingen tegen de positie van de trader aan lopen. Slippage maakt hier deel van uit en het is een teken dat de scalper in een echte markt handelt. Hij heeft dus echte tegenpartijen bij zijn trades. Dit kunnen banken, hedgefondsen of simpelweg andere traders zijn. Maar meestal is dit een teken dat hij niet tegen een marktmaker vecht. Daarom vormt slippage een van de kosten die eigen zijn aan de scalping business en moet het dus ook zo beschouwd worden. Met het verlies van -12 op vrijdag had ik geen probleem in mijn meeting met Jenny. Het verlies van 25 pips op woensdag vormde wel een discussiepunt. Hoe kon dat gebeuren? Dit was duidelijk niet het resultaat van slippage, maar van de grootste trading zonde die er bestaat: ze heeft de stop verschoven.

Gelukkig begreep Jenny het. Ze zag onmiddellijk in dat dit gedrag haar zou schaden als ze er een gewoonte van zou maken. Als ze de stop op -10 had laten staan, dan zou de winst van deze week geen 14,8, maar 30 pips positief geweest zijn. Hier zie je duidelijk hoe negatief één dergelijke fout je weekresultaat kan beïnvloeden. De kleine winst was echter niet slecht voor een beginner. Maar was het zo goed? We bekijken even de statistische analyse van de eerste week.

Afbeelding 2: Jenny's statistieken, week 1

trading statistics	week 1
total trades	32
win	20
loss	12
break-even	0
average win	5,82
average loss	9,5
hitrate	62,50%
payoff-ratio	0,61
expectancy	0,15

Op het eerste zicht zien deze resultaten er goed uit. Jenny kon 20 van de 32 trades voltooien met winst. Slechts 12 trades draaiden uit op verlies. In trading termen noemen we dit de hit rate en deze lag in de eerste week op 62,50%. Goed gedaan, zou je denken. Maar kijk eens goed. Hoeveel heeft ze gewonnen als ze een trade sluit met winst? De gemiddelde winst was 5,82 pips. Dit is de uitkomst als je alle gewonnen pips bij elkaar optelt en deelt door het aantal winnaars, namelijk 20. Sommige winnaars lagen hoger dan 5,82 pips, andere lager, maar haar gemiddelde winst in die eerste week bedroeg 5,82 pips.

En hoe ziet het eruit aan de verliezende kant? We zien dat het gemiddelde verlies veel hoger lag, namelijk 9,5 pips. Dat betekent bij verlies dat Jenny bijna twee keer zoveel verliest als wanneer ze wint. Zo ziet het er al wat minder aantrekkelijk uit, niet? Maar hoe komt ze dan uiteindelijk toch aan een winst van 14,8 pips voor deze week? Dit heeft ze natuurlijk te danken aan de relatief hoge hit rate van 62,50%. Op deze manier kan men trading terugbrengen tot eenvoudige wiskunde. In de nabespreking op vrijdag hebben we het uiteraard gehad over het hoge gemiddelde verlies. Het individuele verlies van 25 pips op woensdag is natuurlijk deels de oorzaak van het hoge gemiddelde verlies. Maar het is niet de enige oorzaak. Als het gemiddelde verlies 9,5 pips was en de stop-loss stond op 10 pips, dan heeft Jenny niet veel moeite gedaan om tenminste een aantal van haar verliesposten te limiteren. Ze besefte dit onmiddellijk, want dit cijfer kan alleen maar verbeteren als ze haar verliezende posities sneller sluit.

We bekijken nu even de gemiddelde winst. Kan ze die verbeteren? Hier was ze gelukkig eerlijk. Ze heeft openhartig toegegeven dat ze de trade vaak sloot bij twee of drie pips winst, hoewel ze er veel meer had kunnen uithalen. Ze heeft duidelijk gezegd dat ze liever voor deze kleine winst ging dan het risico te nemen om deze kleine winst weer kwijt te spelen. Begrijpelijk, maar dit gedrag is in strijd met het tweede deel van de gouden regel in trading: beperk je verlies, laat je winst de vrije loop. Door deze houding aan te nemen, heeft ze haar winst niet de vrije loop gelaten. Maar Jenny is niet de enige die deze destructieve houding aanneemt. Ik heb het bij veel beginners zien terugkomen. Ze zijn in de foute veronderstelling dat de hit rate (dit is het aantal winnaars) essentieel is voor het slagen in de handel. Dat is echter niet het geval, en dat kan je duidelijk zien in hun cijfers. Jenny is deze week "gered" door haar hit rate. Ze had immers een kleine winst van 14,8 pips. Na aftrek van de commissies van 113,02 euro was het netto resultaat voor deze week helaas negatief: -42,17 euro.

Daardoor stond er 42,17 euro minder op haar rekening, ondanks de hoge hit rate van 62,50%! Gelukkig zag ze dit in en begreep ze dat haar neiging om genoegen te nemen met snelle miniwinsten niet tot succes zou leiden. Daarom moeten haar individuele winsten toenemen en de individuele verliezen moeten verminderen. De relatie tussen gemiddelde winst en gemiddeld verlies wordt uitgedrukt in een ander getal in onze statistieken: de **payoff ratio**. Elke trader moet als doel voor ogen hebben om de payoff ratio te verhogen, want het geeft de rentabiliteit veel beter weer dan de hit rate. Dit is de formule:

Payoff ratio = (gemiddelde winst) / (gemiddeld verlies)

Nu gaan we even de cijfers van Jenny bekijken.

Payoff ratio van Jenny: (5,82) / (9,5) = 0,61

Jenny heeft maar twee winnaars nodig om haar verlies goed te maken, maar met deze payoff ratio gaat ze zeker langzaamaan ten onder. In de eerste week werd ze gered door de goede hit rate, maar er bestaat geen garantie dat ze dit week na week kan overdoen. De kans neigt richting nul. Dat wil dus zeggen dat er de komende weken en maanden voornamelijk moet gewerkt worden aan het verhogen van de payoff ratio. Alleen wanneer het cijfer hoger is dan 1 en stabiel blijft, bestaat de kans dat je een rendabele trader wordt. In de veronderstelling dat de hit rate hoger dan 50% blijft, natuurlijk.

Er rest nog één cijfer in de statistieken van Jenny: de **expectancy** (de verwachting). De trading expectancy is de gemiddelde winst (of verlies) die de trader mag verwachten per trade, gebaseerd op al zijn vorige gegevens. We hebben drie cijfers nodig om de expectancy te kunnen berekenen: de hit rate, de gemiddelde winst en het gemiddeld verlies. De formule ziet eruit als volgt:

Expectancy:

(kans op winst * gemiddelde winst) - (kans op verlies * gemiddeld verlies)

Jenny had een hit rate van 62,50% in haar eerste week. De gemiddelde winst was 5,82 pips. Het gemiddeld verlies bedroeg 9,5 pips. Met deze gegevens kunnen we haar expectancy berekenen:

$(0,63 * 5,82) - (0,37 * 9,5) = 0,15$

Op basis van haar recente resultaten kan Jenny dus een gemiddelde winst van 0,15 pips per trade verwachten. Wetend dat ze werkt met een model op commissie waarbij ze een spread van 0,2 tot 0,4 pips krijgt in de EUR/USD, wordt hier zeker duidelijk dat Jenny nog geen winstgevend systeem heeft, hoewel haar hit rate dit oorspronkelijk wel deed vermoeden. Jenny heeft de spread in de EUR/USD niet eens gehaald, en ze heeft nog geen commissies betaald.

Na deze eerste week voelde ze duidelijk aan dat er nog veel werk aan de winkel was. De werkelijke betekenis van deze cijfers in al hun dimensies wordt pas duidelijk in de komende weken. En daar draait dit boek om.

Week 2

Afbeelding 3: Jenny's trade, week 2

								Total
Monday	-7	5,2	2,6	2,7	-10	2,3	-1	-5,2
Tuesday	-9,3	4,7	4	3,1	1,5			4
Wedn.	3,4	1,6	0,7	5,7	5,4			16,8
Thurs.	-10	-5,7	11,4	3,6	-5,1	4,2	2,9	-17,1
	3,1	3,1	-6,2	3,1	-6,2	-8	-6	
	-8	-3	1,7	4	2,1	5,3	-3,4	
Friday	3,3	-5,3	-4,2					-6,2
week 2								-7,7

In de tweede week heeft Jenny 41 trades uitgevoerd, net iets meer dan in de eerste week. Zeer tevreden stelde ik vast dat ze geen grote verliezen had geleden. Vanaf donderdag besloot ze nog slechts 8 pips op het spel te zetten in plaats van 10. Dan zien we twee keer -8 opduiken in de tabel. Dit is positief, want het betekent dat Jenny "aan haar verdediging" begint te werken. Ze begint in te zien dat het belangrijk is om haar verlies zo goed mogelijk te beperken. In haar geval is dit echt wel nodig, want aan de winnende kant zien we weer veel winnende trades, waarvan de overgrote meerderheid nog steeds klein. Blijkbaar kon ze haar neiging om de positie te sluiten bij een kleine winst niet bedwingen. Dit gedrag resulteerde in een klein verlies van 7,7 pips aan het einde van de week. Er is geen drama gebeurd, je zou het een normale trading week kunnen noemen als de kleine winsten er niet waren geweest. In de wekelijkse meeting gaf ze toe dat ze weer tevreden was met een winst van een of twee pips. Want het was een winnende trade, en dat is wat voor haar van belang was. We blijven positief omdat ze er tenminste in geslaagd is om het verlies beperkt te houden.

Afbeelding 4: Jenny's statistieken, week 2

trading statistics	week 2
total trades	41
win	25
loss	16
break-even	0
average win	3,63
average loss	4,78
hitrate	61,00%
payoff-ratio	0,76
expectancy	0,43

We bekijken de gegevens van de tweede week. Jenny heeft 41 trades uitgevoerd, waarvan 25 winnende trades, dus een hit rate van 61%. Deze verschilt maar een heel klein beetje van de vorige hit rate en geeft duidelijk Jenny's behoefte aan om "winnaars te verzamelen". Helaas moeten we vaststellen dat de gemiddelde winst in de tweede week wat gedaald is. We zitten nu op 3,63 pips. Maar aan de verliezende kant, ziet het er wel beter uit. Dit cijfer is gezakt. Deze keer bedroeg het gemiddelde verlies 4,78 pips. Aangezien het verlies nog steeds groter is dan de winst, hebben we uiteraard nog steeds een zwakke payoff ratio. Het is wel al beter dan de vorige week, maar met 0,76 zitten we nog steeds lager dan 1. Haar strategie heeft dus nog steeds een lage rentabiliteit. Er is nog steeds een grote kans op faillissement. Maar de expectancy is wel verbeterd. Deze keer kon ze 0,43 pips per trade verwachten. Hoewel het nog altijd niet veel is, kan je niet ontkennen dat het beter is dan 0,2. Uitgedrukt in euro komt ze uit op een verlies van 7,25 euro voor deze week. De commissies kosten haar 106,36 euro. Het resultaat is dus een totaal verlies van 113,61 euro.

Week 3

Afbeelding 5: Jenny's trades, week 3

								total
Monday	-4,9	4,9	-5,9	-7,5	6,5	5,5	-6,2	-29,1
	-2,4	6	5,1	-8,4	4,9	-5,3	-5,1	
	5,2	-5,8	-10	-11,2	-10,2	7,3	8,4	
Tuesday	-2,4	-5,4	3,4	5,8	5,7	-0,7	3,3	49,5
	4,1	10,2	5,4	12,5	3,3	4,3		
Wedn.	5,8	4,9	3,5	4,9	4	-4	7,1	26,2
Thursd.	6,9	2,6	2,1	11,4	7,3	2,3	2,8	72,6
	9,5	1,3	4	2,5	3,7	1,9	1,9	
	-3	-1,7	4,5	-4,9	6	1,3	3,2	
	1,7	4	1,3					
Friday	2	2,1	2,5	4,5	12,5	2,6	3,5	32,2
	2,5							
week 3								151,4

In de derde week was Jenny zeer actief. Vooral op donderdag, toen voerde ze 24 trades uit. Wat direct opvalt, is het hoge aantal winnaars en de weinige verliezers. De -11,2 trade op maandag was opnieuw het gevolg van slippage. Natuurlijk mag het resultaat van 151,4 pips gezien worden. We moeten echter constateren dat de overgrote meerderheid van de winnaars klein blijft. Bij de briefing zei ze dat ze bovenal verliezende trades wou voorkomen. Ze speelde dus eigenlijk niet om te winnen, maar "om niet te verliezen". In een goede week als deze kan je zo een goed resultaat bekomen. In slechte weken met lage hit rates kan het aantal winnaars niet hoger zijn dan het aantal verliezers. Dan zal het weekresultaat negatief zijn.

Afbeelding 6: Jenny's statistieken, week 3

trading statistics	week 3
total trades	73
win	54
loss	19
break-even	0
average win	5,1
average loss	3,39
hitrate	73,24%
payoff-ratio	1,5
expectancy	3,27

Op het eerste zicht zijn de resultaten inderdaad goed. Voor de eerste keer ligt de gemiddelde winst een stuk hoger dan het gemiddeld verlies. Daardoor is de payoff ratio aanzienlijk hoger dan 1. Dit goede resultaat heeft ze hoofdzakelijk behaald dankzij de hoge hit rate van 73,24%. We zien hier een duidelijk patroon. Jenny is iemand die vooral niet wil verliezen. Ze neemt liever genoegen met miniwinsten van 1 of 2 pips dan een gemiddeld hoge winst te behalen met wat meer verliezers.

Ik heb haar er elke week op gewezen dat ze haar netto resultaat vooral via de hit rate probeerde te behalen. De meeste beginners hebben met dit probleem te kampen. Ze denken dat een hoge hit rate gelijk is aan een hoge winst. Dat dit gedrag uiteindelijk niet het gewenste resultaat oplevert, was misschien na de derde week nog steeds niet duidelijk. Deze kritiek van mijn kant komt misschien wat cru over, aangezien ze twee weken gedisciplineerd had gewerkt en met 151 pips een goed resultaat had neergezet. Maar ik wist uit eigen ervaring dat het uiteindelijk tot zeer negatieve resultaten zou leiden als een trader een bepaald gedragspatroon niet kan overwinnen.

Bovendien was ze veel commissies aan het opbouwen met die miniwinsten van 1 of 2 pips. Haar makelaar was natuurlijk tevreden, want hij verdiende veel geld aan haar. Uitgerekend in euro verdiende Jenny 153,55 euro in de derde week. Haar commissies kwamen uit op 113,77 euro. Deze week had ze dus een netto resultaat van 39,78 euro. Dit lijkt nogal weinig als je weet dat ze toch 151 pips gewonnen heeft. Haar scalping met een positiegrootte van $30.000 op maandag is hiervan de oorzaak. Helaas was maandag haar enige verliezende dag. Vanaf dinsdag heeft ze gescalpt met slechts $10.000.

Week 4

Afbeelding 7: Jenny's trades, week 4

								Total
Monday	5,6	7,3						12,9
Tuesday	-1,8							-1,8
Wedn.	3,6	3	-8,4	0,9	-6,2	9,2	1,3	33,15
	-9,7	6,6	5,25	1,8	6,7	8,2	-5,4	
	6,3	-4,8	6,3	4,9	3,6			
Thursd.	3,2	-10	8,3	4,5	3,5	-11	-11,3	-30,1
	2,7	3	-12,5	6,3	16,3	3,6	0,8	
	-9,7	-10,6	-11,7	6,3	-6,4	-7,7	-4,2	
	3,8	-7,8	-7,7	4,4	3,2	2,7	4,9	
	3,9	8	3,2	3	-14,5	2,7	-3,3	
Friday	-9	-9	-8	1,8	2,66	3,3	5,8	22,66
	3,7	11	5	3,8	3	2,4	3,3	
	-5,7	8,6						
week 4								36,81

In haar vierde week voerde Jenny opnieuw 73 trades uit. Op maandag en dinsdag deed ze het wat rustig aan, op woensdag en donderdag vloog ze er weer in. Van maandag tot donderdag scalpte ze met $10.000 en na het verlies op donderdag hield ze het op vrijdag bij een minipositie van $5.000. Dit woog natuurlijk door in het netto resultaat.

Deze vierde week zou ik een typische consolidatieweek noemen. Elke trading activiteit heeft nood aan zulke weken. De vaardigheden moeten verder getraind worden, misschien zonder grote resultaten. Dit is ook belangrijk omdat de scalper pas na enkele honderden trades gaat beginnen te vertrouwen in zijn eigen capaciteiten. Als hij op consistente basis zijn trading journaal bijhoudt, zal zijn vertrouwen ondersteund worden en de resultaten stabieler.

Afbeelding 8: Jenny's statistieken, week 4

trading statistics	week 4
total trades	73
win	49
loss	24
break-even	0
average win	4,1
average loss	5,16
hitrate	67,12%
payoff-ratio	0,79
expectancy	0,55

Toen ik Jenny's statistieken voor de vierde week bekeek, zag ik echter mijn kritiek van de vorige week bevestigd. Hoewel de hit rate bijna identiek was (een heel klein beetje zwakker), ziet de payoff ratio er niet zo goed uit. De expectancy ligt met 0,55 ook weer ver onder 1 pip. Jenny kan doen wat ze wil. Als ze er niet in slaagt om haar gedragspatronen voorgoed te overwinnen, dan zal ze het moeilijk krijgen om consequent rendabel te zijn. Goede weken zoals de derde week zijn dan eerder willekeurige resultaten, maar niet het resultaat van je eigen vaardigheden. De cijfers getuigen hier duidelijk van.

Nu de eerste 4 weken, en dus de eerste maand, voorbij waren, konden we een eerste evaluatie doen. Ondanks mijn bezwaren heb ik Jenny geprezen, want ze kon al goed scalpen als beginner. Deze stijl lag haar duidelijk. Ze had snel geleerd dat het belangrijk was om haar verlies te beperken. Op dat moment stond de vaste stop nog steeds op 9 pips. In mijn ogen leek dit nog steeds aan de hoge kant, maar in de briefing verdedigde ze deze beslissing met de volatiliteit in de EUR/USD. Op de 1-minuutgrafiek gaven veel candles een volatiliteit aan van aanzienlijk meer dan 9 pips, zei ze. Ik wist dat dit in de toekomst een discussiepunt zou worden, maar ik liet haar met deze stop verder scalpen.

Ze had in haar eerste maand 234 scalp trades uitgevoerd en 205,7 pips verdiend. Helemaal niet slecht voor een beginner. Maar de commissies deden haar nog steeds de das om. Het netto resultaat van -137,58 euro bleef binnen de perken. Desalniettemin vond ik dit heel goed, want het gaf aan dat ze al goed op weg was naar rentabiliteit. Een iets beter resultaat voor sommige indicatoren, zoals de payoff ratio, zou ervoor zorgen dat het geld op de rekening toestroomt. We mogen niet vergeten dat ze in de beginfase enkel met heel kleine posities heeft gescalpt. Met een stop op 9 pips en een positie van $10.000 zette ze slechts $9 per trade op het spel. Slechts een fractie van haar beschikbaar kapitaal. Het was noodzakelijk dat ze eerst het spel leerde kennen en beheersen. Grotere positiewaarden zouden later aan bod komen.

Week 5

Afbeelding 9: Jenny's trades, week 5

								total
Monday	-3,5	2,8						-0,7
Tuesday	2,8	8,2						11
Wedn.	-4,6	-9,4	-9,4	-4,3	3,5	1	3,1	38,5
	7,4	9,6	19,2	0,7	2,4	4,3	7,2	
	4	3,3	6,4	3,7	9,7	-20,5	1,2	
Thursd.	4,7	-1,6	2	2,4	-6,4	-7,3	-9,9	-141
	3,2	7,7	7,4	-4,1	2,8	4	-1,7	
	-41	-21	-37	-32	-17	-13	-16	
	-9	-9	5	12	3,5	8	-4,5	
	10	18	1	-1	4	-5		
Friday	4,6	10	9	2	5	-10	5,5	-9,4
	1,5	-21,5	5	-13	4	-9	4	
	9	11	2,6	-9	8	7	-19	
	-8	7	13	-18	-9	-11	3	
	-11	-10	-12	5	-9	-8	5	
	-10	-9	-8	5	7	11	11	
	6	6	-3	-3	10	1,5	8	
	-1,6	6	2	-3	-3	-9	4	
	1,5	-9	1,5	-10	-6	-5	-6	
	9	2	-3	6	17	-6	6	
	-6	1	6	1	5	5	6	
	4	4	3	1,5	-13	3,5		
week 5								-101

Jenny's vijfde week toonde iets wat zelfs veel ervaren traders overkomt: een terugval in oude, slechte gewoonten. Het menselijk brein is iets wonderlijks. Hoewel de observator de indruk kan krijgen dat Jenny de voorbije weken gedisciplineerd haar eigen doelstellingen heeft herschikt, is er deze week iets gebeurd dat absoluut niet langer mag worden toegestaan. Het deed pijn. Op maandag en dinsdag heeft Jenny bijna niet gescalpt. Woensdag werd ze wat actiever. Het beloofde ook een goede dag te worden, want toen het einde van haar handelstijd in zicht was, zat ze bijna aan 60 pips! En toen gebeurde het (rode pijl). Was het omdat ze net zo goed aan het scalpen was en een beetje te zeker van zichzelf werd? Of kreeg ze gewoon een black-out? Plots verscheen er een verlies van 20,5 pips. Dat is 11 pips meer dan toegestaan. Ze was tenminste nog zo verstandig om onmiddellijk te stoppen met scalpen. Uiteindelijk bleven er 38,5 pips winst over voor die dag. Los van deze uitschuiver, leek dus alles nog in orde.

Donderdag begon vrij normaal, geen opvallende resultaten. Na 14 trades had ze 3,2 pips winst. Dit is niet direct iets om je zorgen over te maken. Kwam het door haar ongeduld, frustratie, of was het de nog nazinderende negatieve impact van de misstap van gisteren? De komende zeven trades slaagde Jenny erin om een verlies van 177 pips op te stapelen. Een ware stunt! Het grootste verlies was ook het eerste verlies van 41 pips. Vermoedelijk is ze dan wanhopig gaan proberen dit verlies goed te maken. Maar deze 13 trades leverden niet veel op. Hoe kon het ook? De discipline was verdwenen en het respect voor wat ze in de voorbije weken had opgebouwd door hard te werken was op zeer korte tijd volledig afgebroken. Hoe kon dat gebeuren?

Dit fenomeen ken ik zelf maar al te goed, en ik weet dat heel veel collega's zich er doorheen moesten worstelen. Je handelt zonder na te denken en zo breek je je eigen werk af. Als Jenny haar stops consequent op negen pips had laten staan, dan zou het verlies niet hoger zijn geweest dan 63 pips. We zien dat ze 10 keer op rij verloren heeft. Statistisch gezien behoort dit volledig tot de mogelijkheden. Mijn eigen record was 15!

Als ze haar systeem consequent had verhandeld, dan hadden we het gewoon over een slechte dag. Maar op deze manier heeft ze haar weekinkomsten zomaar vergooid. Wat veel erger is: dergelijk gedrag kan het zelfvertrouwen van de trader voor lange tijd ondermijnen. Dit resultaat is natuurlijk veel ernstiger. Als ze moedig en gedisciplineerd deze vermindering had doorstaan, had ze als eindtotaal voor die dag op een verlies van 70 pips kunnen uitkomen. Met de winsten van de vorige dag erbij geteld, kwam ze donderdag uit op -20 pips. Wie weet kon ze de week toch nog positief afsluiten als ze op vrijdag een beetje geluk had. Helaas probeerde ze op vrijdag haar negatieve reeks te compenseren door overtrading. Ze voerde 83 trades uit, wat haar niet vooruit hielp. Die trades zorgden alleen maar voor commissies. Ook interessant om te zien is hoe schijnbaar onschuldig slippage op woensdag (rode pijl) een volledige negatieve spiraal in beweging bracht. Je kan alleen maar hopen dat het snel vrijdag is en dat je het weekend kan gebruiken om weer bij zinnen te komen.

Afbeelding 10: Jenny's statistieken, week 5

trading statistics	week 5
total trades	142
win	84
loss	58
break-even	0
average win	5,2
average loss	6,91
hitrate	66,00%
payoff-ratio	0,75
expectancy	1,08

Als we kijken naar Jenny's statistieken, dan zien we dat er geen enkele reden tot opwinding was. Haar hit rate is stabiel tussen 60 en 70%. Alleen haar gemiddeld verlies heeft zwaar geleden onder deze negatieve dag. Alles zou binnen het kader gebleven zijn, als ze haar stops niet had veranderd. Hoewel de winst nog steeds te laag is, ze speelt nog steeds meer "om niet te verliezen" dan om te winnen, zou de schade beperkt geweest zijn. Ik moet je niet vertellen dat in euro's uitgedrukt de week natuurlijk slecht was. Bovenop de hoge commissies van 194,35 euro was er ook nog eens een verlies van 132,01 euro. In totaal dus een negatieve balans van 326,36 EUR.

Week 6

Afbeelding 11: Jenny's trades, week 6

								Total
Monday	2,5	-5,2	-9,3	3,1	1,1			-7,8
Tuesday	2,4	1,8	6	-2,4	4,8	-3,9	1,3	8,9
	-1,1							
Wedn.	-8,5	-10,5	2,8	4,5	-2,6	-4,9	-1,5	9,6
	10,3	-6,5	-8,9	-5,3	4,8	6,4	5,7	
	3,5	2,6	7,1	1,7	4,7	-5,2	-8,6	
	3,2	-7,3	5,1	9,2	1,6	4,2	2	
Thursd.	-3	-8,5	4,5	4,2	1,6	-3,2	5,9	-6,7
	-20,7	3,7	3,8	2,6	2	-8,7	3,1	
	3,8	-7,9	4,6	-5,4	3,6	3,5	-7,6	
	-8,2	-7,1	-7,2	3,8	3,9	-4,3	-7,4	
	4,7	16	-3,7	8,7	-2,7	4,5	3,6	
	4,2	2,6						
Friday	5,7	2,5	5,3	2,3	-3,4	3,5	-7,5	20,3
	1,6	5,5	1,1					
	3,7							
week 6								24,3

Na deze zwakke week was het natuurlijk spannend om te zien hoe Jenny deze terugval zou opnemen. Als je kijkt naar de resultaten van de zesde week, dan zie je dat ze er eigenlijk in geslaagd is om een "back to business" houding aan te nemen. De cijfers waren weer normaal, op een uitschuiver op donderdag na (-20,7 in het rood). Maar dit was te wijten aan het feit dat ze was vergeten de stop-loss in te stellen. Dat hoort nu eenmaal bij het leven van een trader. De winsten zijn nog steeds te laag, maar de verdediging staat er toch weer.

Afbeelding 12: Jenny's statistieken, week 6

trading statistics	week 6
total trades	89
win	56
loss	33
break-even	0
average win	3,41
average loss	5,1
hitrate	62,92%
payoff-ratio	0,66
expectancy	0,21

De statistieken tonen de consistentie waarmee Jenny haar trades uitvoert. Ze behaalt hiermee een hit rate tussen 60 en 70%. Ik kan goed leven met het gemiddelde verlies van 5,1, vooral omdat ze sinds deze week een stop-loss van acht pips is gaan gebruiken. Voor een scalper was acht pips nog altijd veel, in mijn ogen, maar het was haar beslissing. Aangezien ze aanzienlijk meer verlies heeft dan winst, is de payoff ratio voor deze week laag, evenals de expectancy. Op donderdag had ze een winnaar van 16 pips. Natuurlijk vroeg ik haar hoe dit kwam en of de mogelijkheid bestond om meer dergelijke winnaars uit de wacht te slepen. Dit zou haar payoff ratio aanzienlijk verbeteren. Ze heeft deze week toch 24 pips verdiend, en daarmee een winst van 76,29 euro. Haar trades kosten haar 166,38 euro aan commissies. Daardoor sluit ze de week af met een verlies van 90,09 euro.

Week 7

Afbeelding 13: Jenny's trades, week 7

								Total
Monday	-6	-6,4	11,3	-6,2	-5,7	-6,3	-7,1	-17,8
	1,9	6,7						
Tuesday	-3,6	6,9	-3,2	3,8	1,8	1,9	-3,9	13,6
	-3,6	2,1	1,5	3,9	1,8	4,2		
Wedn.	-6,4	-3,1	-11,8	8,3	4,8	-4,3	-6	19,1
	-1,7	-3,7	13,4	4,2	3,7	2,5	1,9	
	-6,3	4,2	7,7	4,6	-6,2	10,6	-6,4	
	5,5	3,6						
Thursd.	-3,6	-6,1	-4,6	-3,9	-4,6	-6,2	5,7	-14
	4,1	2,3	-6,7	3,7	-6,7	3,4	-6,2	
	-6,7	-7,4	-6	-6,1	-7,5	-5,6	-7,5	
	12,6	4,5	-6,3	13,3	2,5	8	15,7	
	15,4	-2,4	-4	2,5	7,4	14	-6,6	
	-6,6	2	-6,9	-6,1	4,6	4,6	-6	
	3,9							
Friday	6,6	-6,2	3,1	1,8	-6,1	-6,4	-2,7	12,1
	8,3	6,9	6,8					
week 7								13

In de zevende week voerde Jenny 97 trades uit. Zoals gewoonlijk de meeste op woensdag en donderdag. Ik telde 6 trades over 10 pips. Zo slaagde ze erin om wat grotere winsten binnen te halen. Elke trader heeft zijn eigen moeilijkheden. Haar moeilijkheid was haar angst om te verliezen, waardoor ze haar posities onmiddellijk sloot bij de geringste winst. Ik wist dat ze een rendabele trader zou zijn als ze dit probleem kon oplossen.

Afbeelding 14: Jenny's statistieken, week 7

trading statistics	week 7
total trades	97
win	50
loss	48
break-even	0
average win	5,59
average loss	5,28
hitrate	51,02%
payoff-ratio	1,05
expectancy	0,2

Deze positieve trend kwam ook terug in haar cijfers. We zien dat de gemiddelde winst (5,59) net iets hoger ligt dan het gemiddeld verlies (5,28). In een poging om meer winst te behalen, is de hit rate, zoals verwacht, teruggevallen naar 51,02%. Voor mij was dat logisch. Deze lage hit rate moet niet noodzakelijk aanhouden, maar als je veel energie steekt in het leren van nieuwe dingen, moet je ermee kunnen leven dat je vaak op andere plaatsen gaat verliezen. Dat verklaart de nog steeds zwakke expectancy. De payoff ratio lag eindelijk hoger dan 1. Deze week heeft ze 13 pips verdiend, wat neerkomt op een winst van 46,00 euro (haar positiegroottes lagen tussen $15.000 en $30.000). Na aftrek van commissies (220 euro) werd een verlies van 174,00 euro geboekt.

Week 8

Afbeelding 15: Jenny's trades, week 8

									total
Monday	-2,2	7,4	-1,2	-3,3	-6	-3,5			⇒ -3,1
	7,2	-1,5							
Tuesday	1,9	4,4	1,7	-1,4	-6,5	2,6	1,9		⇒ -1,3
	-1,8	1,3	-3,6	-1,8					
Wedn.	-3,5	-3,1	-1,3	-2,9	-3,3	-2,3	-4,4		⇩ -38,55
	-6,3	-7,25	-6	3,5	-1,7				
Thursd.	-4,5	-4,1	-3	7	3,9	4,2	-0,5		⇧ 35,2
	7,8	2,4	-2,9	2,3	-2,8	-4,9	6,5		
	-3,5	1,7	2	3,2	2,5	6,4	5,2		
	2,1	3,4	2,2	-5,2	1,5	2,3			
Friday	-6,9	-6,1	11,6	2,5	-2,4	1,8	-6,8		⇩ -18,2
	-3,7	-8,2							
week 8									⇩ -25,95

Jenny voerde 64 trades uit in haar achtste week. Aan het einde van de week resulteerde dit in een verlies van bijna 26 pips. Dit was opnieuw te wijten aan het feit dat ze bijna geen grotere winsten had. De trend van de vorige week werd niet doorgezet. Maar toch moeten we even de aandacht vestigen op iets positiefs. Jenny is deze week gestart met een stop van slechts 6 pips. Ik interpreteerde dit als een stap in de goede richting en daar heb ik haar voor geprezen. We kijken even wat dit betekent voor haar statistieken.

Afbeelding 16: Jenny's statistieken, week 8

trading statistics	week 8
total trades	64
win	30
loss	34
break-even	0
average win	4,42
average loss	3,68
hitrate	47,00%
payoff-ratio	1,2
expectancy	0,12

Haar cijfers geven dit duidelijk weer. Haar gemiddelde winst was hoger dan haar gemiddeld verlies. De payoff ratio bleef boven 1. Alleen de expectancy was natuurlijk zwak door de hit rate van deze week en de nog steeds kleine winsten.

Week 9

Afbeelding 17: Jenny's trades, week 9

								Total
Monday	-5,9	1,3	1,8	1,1	-6,7	-3,5	-7,1	⇧ 3,3
	4,5	1,5	2	6,2	3,9	1,7	2,5	
Tuesday	1,5	-6,3	-7,1	2,5	-2,5	-6,8	3,4	⇩ -33,2
	-0,2	-3,6	2,5	-2,3	-4,5	-4,3	-5,5	
Wedn.	-6,6	2,2	-2,2	5,3	1	-0,1	-6,1	⇧ 17,7
	2,8	2,9	2,1	3	2,8	1,7	1,6	
	1,2	1,5	1,9	3,9	1,3	-3,4	0,9	
Thursd.	3,2	3,1	-2,6	3,3	3,6	-5	-5	⇩ -15,8
	3,8	-5	5,4	5,5	4	3,9	-5,2	
	-5,1	-5,3	5,9	0,8	-4,1	0,9	2,1	
	2,9	-2,4	-6,4	-2,4	-5,4	4,5	6	
	-4,4	3,9	2	-3	8,4	6,9	-7,3	
	1,2	1,1	2,6	-2,5	1,3	4,3	5,7	
	-5,4	-5,2	-5,3	8,9	-5,2	4,2	4	
	-0,2	-6,5	-4,4	8,1	-5,2	-6	-5,4	
	-7,6	-6,1	2,5	-6,8	7,9	1,6	-5,2	
	-6,7	4,8	3,5	-5,9	1,1	-3	2,5	
Friday	2,5	3,6	-5,5	-2,7	-5,2	3,5	1,3	⇧ 1,3
	-5,1	7,4	-5,1	2,5	5,3	-8,4	7,2	
week 9								⇩ -26,7

Jenny was duidelijk zeer gemotiveerd in haar negende week, ze voerde 133 trades uit. Vooral op donderdag was ze erg actief, maar zonder succes. Ondanks de vele trades verloor ze 26 pips. Dit behoort natuurlijk ook tot het leerproces van een trader: inzien dat je niet goed bezig bent. Ik heb helemaal niets tegen 60 trades per dag, zolang die trades ook wat opbrengen. Dit was duidelijk niet het geval op donderdag. "Hard werken" op het verkeerde moment levert niets op bij trading. Dit zie je natuurlijk aan het resultaat. Maar ze vertelde me dat ze vanaf woensdag enkel met een stop van vijf pips had gewerkt. "Jenny begint het licht te zien", dacht ik. Als ze nog niet op de goede weg was met de winsten, dan heeft ze toch tenminste een sterke verdediging opgebouwd. Dat is de eerste bouwsteen van een scalping business: Verzekeren dat je zo weinig mogelijk verliest, als je verliest.

Afbeelding 18: Jenny's statistieken, week 9

trading statistics	week 9
total trades	133
win	75
loss	58
break-even	0
average win	3,09
average loss	4,79
hitrate	56,00%
payoff-ratio	0,38
expectancy	-0.37

We zien dat haar inspanningen nog niet worden omgezet in goede cijfers. De expectancy was deze week zelfs negatief. Dit is het punt waarop velen het opgeven. Er was iets geknakt bij haar op de meeting van vrijdag en ik heb erg mijn best moeten doen om haar te overtuigen om verder te gaan. Elke trader maakt deze momenten door en het is niet vanzelfsprekend om verder te gaan als het resultaat van je inzet niet zichtbaar is.

Week 10

Afbeelding 19: Jenny's trades, week 10

								Total
Monday	-2,7	-5,6	4,4	-5,1	-5,1	-5	-5,3	
	-5,4	7,7	11,1					
	-2	2						-11
Tuesday	-5,4	1	10,9					
	-5,4	1,7	1,1	5,1				9
Wedn.	-5,5	-5,1	13,6	8,7	-5,5	-5,4	4,1	
	-5,2	-4,2	-5,2	12,1	-5,9	7,1	3,3	
	3,4	1,3	-6,5	-5,2	-4,6	-7,4	9,1	
	6,3	-5	-5,5	4,3				-7
Thursd.	1,5	6,4	-2,3	5,2	-5,9	5,6	1,5	
	-5,2	12,6	9,3	5,7	-4,4	-5,6	-10,5	
	-5,4	10,6	-5,5	-6,3	-6,9	-5,8	16,1	25
	3,8	-4,8	3,7	6,2	5,3	0,5		
Friday	4,1	2,6						6
week 10								22

In de tiende week gebeurde er iets waar ik allang op aan het hopen was. Plots werden de winnaars groter. Jenny realiseerde meerdere winnaars van meer dan 10 pips en nog wel op 4 van de 5 dagen! Haar stop stond nog steeds op 5 pips, maar de cijfers toonden duidelijk dat er iets aan het veranderen was. Ze liet de winnaars langer begaan en sloot ze niet onmiddellijk af van zodra ze 1 of 2 pips winst had. Ik heb haar uiteraard voor dit succes geprezen, waar ze duidelijk van genoot. In de voorbije weken zag het er niet naar uit dat dit nog zou gebeuren, maar ze heeft het toch maar gedaan! Ondanks de nog steeds bescheiden weekopbrengst van 22 pips, was ik er zeker van dat we snel winnaars van 20 pips en meer zouden zien. Dan maakt dit natuurlijk een groot verschil als ze erin zou slagen om haar verliezers op een gedisciplineerde manier binnen de perken te houden.

Afbeelding 20: Jenny's statistieken, week 10

trading statistics	week 10
total trades	73
win	37
loss	36
break-even	0
average win	4,69
average loss	4,02
hitrate	50,68%
payoff-ratio	1,16
expectancy	0,33

Jenny heeft deze week 73 trades uitgevoerd. De gemiddelde winst lag weer boven het gemiddeld verlies waardoor haar payoff ratio aanzienlijk verbeterde. Alleen de expectancy was aan de magere kant, maar ik was er zeker van dat dit ook wel snel zou veranderen. Hoe is deze plotse verbetering tot stand gekomen? Uiteindelijk was het een kleine maatregel die ik haar de vorige week adviseerde. Ze vertelde me dat ze de stop op break-even instelde van zodra de positie enkele pips winst vertoonde. Ik heb dit nooit eerder geweten en heb haar dus gevraagd dit niet meer te doen vanaf dan, haar tiende week. Het resultaat van deze actie was onmiddellijk zichtbaar in de betere cijfers. Dergelijke dingen gebeuren vaker in een leerproces. In principe begrijpt de trader relatief snel wat belangrijk is. Je moet geen wiskundig genie zijn om de relatie tussen deze simpele statistische verhoudingen echt te kunnen begrijpen. En toch hangt het soms af van kleine veranderingen in het handelsgedrag, die vaak het verschil maken tussen winst en verlies. Daarom gaf deze tiende week mij het gevoel dat ze een doorbraak had bereikt, vooral sinds de wijziging in haar basispatroon: nooit risico nemen. Jenny begon te spelen voor winst.

Week 11

Afbeelding 21: Jenny's trades, week 11

								Total
Monday	-5	8,5	-2	-5,2	2,1	3,6	-5	
	2,2	-5,2						-6
Tuesday	-5	2,7	2,3	-1,1	-0,4	-0	8,5	
	1,9	-5,3	2,1	5,6	-5,6	2,7		8
Wedn.	8,1	-4,3	3,6	1,9				9
Thursd.	2,7	4,5	24,5	3,9	10,2	1,7	-5,6	
	4,2	-5,1	-4,9	-5	10,3	-5		36
Friday	5,5	-5	-5,7	-6	-4,7	-5	7,1	
	-5,1	3,8	3,6					-11
week 11								36

In haar elfde week voerde Jenny 49 trades uit. Wat een verrassing! Op donderdag gebeurde het eindelijk: Jenny heeft een trade gesloten met een opbrengst van 24,5 pips! We hebben het er vaak over gehad dat als ze erin slaagde om regelmatig een grotere winst te realiseren, precies dit het verschil zou maken. Deze ene winst vormde 68% van haar weekopbrengst. Het zal niet altijd het geval zijn dat een grote winnaar een dergelijk grote impact heeft. Veilig behaalde winsten van 10 of 12 pips kunnen ook goede resultaten opleveren. Maar ik ben van mening dat een "jackpot" af en toe de resultaten aanzienlijk kan verbeteren, om nog maar te zwijgen van het vertrouwen dat je bij dergelijke winsten opbouwt.

Daar kwam nog eens bovenop dat ze begreep dat het vaak voldoende was om slechts 2 uur per dag te scalpen. Ze heeft veel te vaak ondervonden dat meer uren niet noodzakelijk meer opbrengst betekenen, maar vooral meer commissies voor de makelaar. Er bestaan uitzonderingen, vooral als de scalper het gevoel heeft dat de markt zeer gunstig is, en dat er veel meer te rapen valt. In dat geval raad ik zelfs aan om de positiegrootte te verhogen waar ik op zwakke dagen de positiegrootte verklein of gewoonweg vroeg stop met scalpen. De controle van de positiegrootte is een heel belangrijke parameter die niet besproken wordt in dit derde deel van de serie "Scalpen is leuk!". Ik heb het niet in dit boek opgenomen omdat het de cijfers en hun evaluatie onnodig moeilijk zou maken.

Afbeelding 22: Jenny's statistieken, week 11

trading statistics	week 11
total trades	49
win	26
loss	23
break-even	0
average win	5,23
average loss	3,41
hitrate	53,06%
payoff-ratio	1,53
expectancy	1,17

We bekijken even de statistieken van Jenny's elfde week; we merken dat de goede trend van de voorgaande week werd bevestigd. Nu worden de cijfers echt interessant. De gemiddelde winst van 5,23 ligt duidelijk boven het gemiddeld verlies van 3,41. De payoff ratio van 1,53 is nu heel goed. Jenny kan bovendien rekenen op een minimum van 1,17 pips per trade, wat al een flink aantal is voor een scalper. De hit rate heeft wat geleden, maar ik had er alle vertrouwen in dat deze weer zou stijgen met toenemende ervaring. Jenny heeft deze week 54,77 euro winst gemaakt. Haar commissies bedroegen in totaal 76,32 euro. Het netto weekinkomen kwam dus op -21,54 euro. Dat betekende dat Jenny niet meer ver verwijderd was van de rentabiliteitsdrempel. Hou in het achterhoofd dat ze nog steeds zeer kleine lots op de forex scalpte. Ze was echter verstandig genoeg om de grootte van de lots niet te verhogen zolang ze nog geen winst na kosten overhield.

Week 12

Afbeelding 23: Jenny's trades, week 12

							Total
Monday	5	4,1	6,4	-5	1,8	4	23
	7						
Tuesday	-5,1	3	-5	-5	-5,8		
	-5,7	-5,1	2,5	-5,1	6,9	8,7	
	2,5	-1,3	2,9	3,2	-5		-13
Wedn.	-5,1	4,2	-5	5,5	3,7	-3,2	0
Thursd.	4	6,6	-5,1	-4,2	7,9	1,8	
	16,1	5,2	5,5				32
Friday	5,5	4					9
week 12							51

In de twaalfde week zien we verdere bevestiging dat Jenny goed op weg is om een goede scalper te worden. Voor de derde week op rij zijn haar resultaten stabiel. Ze is gedisciplineerd en beperkt haar verliezen consequent tot vijf pips. Af en toe heeft ze ook een grotere winnaar, die haar weekresultaat omhoog haalt.

Afbeelding 24: Jenny's statistieken, week 12

trading statistics	week 12
total trades	39
win	24
loss	15
break-even	0
average win	4,39
average loss	2,37
hitrate	61,00%
payoff-ratio	1,85
expectancy	1,78

De statistische ratio's hebben mijn positieve indruk bevestigd. De gemiddelde winst is nu bijna twee keer zo hoog als het gemiddeld verlies. Dankzij een time stop die we de week voordien hebben ingevoerd, kon ze haar verlies verminderen, wat uiteraard haar payoff ratio ten goede kwam. De expectancy nadert nu bovendien bijna twee pips, wat een heel goed resultaat is voor een scalper.

Na kosten hield Jenny deze week nog 29,80 euro over. Dit lijkt misschien niet veel, maar ze is er eindelijk in geslaagd om winst te maken. Meer nog, deze rentabiliteit heeft een stabiele basis, wat niet het geval was in de derde week, toen ze probeerde gebruik te maken van de hit rate. Nu verdient ze geld omdat ze haar verlies zo klein mogelijk houd en haar winst maximaliseert.

3. Hoe gaat het nu met Jenny?

Je kent nu de resultaten van de eerste 1.000 trades die Jenny heeft uitgevoerd. Deze cijfers zijn meer dan een jaar oud. Jenny is een rendabele scalper geworden die meerdere standaard lots verhandeld op de forex markt. Ze leeft van haar scalping business. Haar payoff ratio is gestabiliseerd tussen 1,50 en 1,90 en haar hit rate ligt tussen 55 en 60%. Uiteraard betaalt ze nu nog meer vergoedingen, maar ze heeft met haar makelaar betere voorwaarden kunnen onderhandelen, omwille van het grote volume van haar trading. Ik had haar dat aangeraden.

Je kan over alles onderhandelen, wie niet waagt, niet wint. Elke goede klant, en dat is elke scalper, kan zich zelfzeker voordoen en over voorwaarden onderhandelen. Dit is natuurlijk erg belangrijk wanneer commissies soms tot in de duizendtallen oplopen, zoals het geval is bij zeer actieve scalpers. Maar ook hier moet je het bedrag van de vergoeding afwegen tegen de kwaliteit van de makelaar. Gunstige voorwaarden zijn waardeloos als je spreads krijgt die slechter zijn en als slippage overheerst. Dus praat met je makelaar. Het is het meestal waard.

4. Scalpen is een business

Ik hoop dat ik met dit voorbeeld heb kunnen aantonen dat scalpen niet zomaar een trucje is, maar echte business. Dat betekent dat je de echte kosten, zoals commissies en spreads, moet overwinnen. Er is bovendien altijd slippage. Als scalper krijg je niet altijd de gewenste prijs, zelfs niet met een harde stop op de markt.

Trading en scalping zijn zwaar en enkel de besten overleven. Wie dit niet wilt inzien, weet niet waar het om draait. Aan de hand van Jenny's leerproces in haar eerste 3 maanden wou ik aantonen dat het mogelijk is om deze business aan te leren. Met de juiste basis kan het heel rendabel zijn. Weet je: op de beurs bestaat er geen bovengrens. Eerst moet elke trader de moeilijke lessen meester worden. Zij die het vak goed geleerd hebben, kunnen het ver schoppen in deze business.

Ik wens je veel geluk!

Heikin Ashi Trader

Je kan de auteur op het volgende adres bereiken: pdevaere@yahoo.de

Andere boeken van Heikin Ashi Trader

Scalpen is leuk!

Deel 4: Trading is flow-business

Winsten op de beurs komen meestal niet-synchroon alsof het over een soort kantoorbaan zou gaan, netjes verdeeld over de 20 handelsdagen per maand. De ervaring leert dat de resultaten asymmetrisch optreden.

Er zijn dagen waarop het loopt als een klok en dagen waarop de handel alleen maar verlies lijkt te produceren. In dit vierde deel van de reeks "Scalpen is leuk!" gaat de Heikin Ashi Trader dieper in op het juiste moment voor de handel. Succesvolle traders weten vooral wanneer ze niet moeten handelen. Zij richten zich op de momenten wanneer de marktomstandigheden optimaal zijn. Het plezier aan de handel komt dan vanzelf, en daarmee het succes.

In deze toestand van "flow" is de nodige discipline ook gemakkelijker. Snel scalpen bevordert het snelle sluiten van verlies-posities en ook de snelle realisatie van de opgelopen winst, dat is net zo belangrijk.

Inhoudsopgave

1. Handel alleen als het leuk is

2. Wanneer je niet mag traden

3. De beste beurstijden

A. Voor forex traders

B. Voor index traders

C. Voor ruwe olie traders

4. Waarom snel scalpen beter is dan een paar overlegde trades

5. Discipline is gemakkelijker in flow

6. Waarschuwings- en contole-instrumenten

7. Wees agressief als je wint en defensief als je verliest

Hoe scalp ik de Mini-DAX-Future?

Dankzij de introductie van de Mini-DAX-Future (symbool FDXM) hebben particuliere beleggers met kleinere accounts nu ook de mogelijkheid om de Duitse DAX-index tegen professionele condities te scalpen. In tegenstelling tot de meeste andere alternatieven zijn futures de meest transparante en effectieve instrumenten om op de financiële markten geld te verdienen.

Scalpers hebben oneindig veel meer opportuniteiten om te traden dan positie-traders of daghandelaren. Hier ligt de werkelijke kracht van deze trading-stijl. Een scalper kan zijn kapitaal veel effectiever beheren dan alle andere marktdeelnemers en haalt aldus een veel hoger rendement.

De Heiken Ashi Trader toont in dit boek hoe u deze nieuwe future op de DAX succesvol kunt scalpen. U leert hoe u de markt binnenstapt, hoe u uw posities moeten beheren en op welk punt u er weer uit moet. Daarnaast bevat het boek een schat aan tips en tools om de eigen handel nog efficiënter en nauwkeuriger te maken.

Inhoudsopgave

1. De EUREX introduceert de Mini-DAX Future

2. Voordelen van de handel in futures

3. De heikin-ashi-grafiek

4. Wat is scalping?

5. Wat is het voordeel van een scalper?

6. Basis-setup van de heikin ashi scalping-methode

7. entry-strategieën

8. Zijn re-entries nuttig?

9. Exit-strategieen

10. Zijn meerdere koersdoelen nuttig?

11. Wanneer u de Mini-DAX moet scalpen (en wanneer niet)

12 Handige tools voor scalpers

A. Orders plaatsen

B. openen en sluiten van orders

C. Het beheer van openstaande orders

D. De trailing stop als hulpmiddel voor winstmaximalisatie

13. Verschillende stop-soorten

A. De vaste stop

B. De trailing stop

C. De lineare stop

D. De tijdstop

E. De parabolische stop

F. Stop orders koppelen

G. multiple stops en multiple targets

15. Geld wordt op de beurs met exit-strategieën verdiend!

16. Verdere ontwikkeling van de marktanalyse

   A. Key Price Levels

   B. LiveStatistics

Slotwoord

Verklarende woordenlijst

Meer boeken van Heiken Ashi Trader

Over de auteur

Colofon

Hoe begin ik met 500 euro een trading-business?

Veel traders hebben in het begin maar weinig geld beschikbaar voor het traden. Maar dit hoeft geen obstakel te zijn om toch een trader-carrière in overweging te nemen. Het gaat er in dit boek niet om hoe je van 500 euro 500.000 euro kunt maken. Het zijn juist de overdreven rendementsverwachtingen die de meeste beginners ontsporen.

In plaats daarvan laat de auteur op een realistische manier zien hoe je met een klein startkapitaal een fulltime trader kunt worden. En dit geldt zowel voor traders die particulier willen blijven als degenen die uiteindelijk met geld van cliënten willen handelen.

Dit boek toont stap voor stap hoe je dat moet doen. Bovendien is er voor elke stap een concreet actieplan. Iedereen kan in principe trader worden, als hij bereid is om te leren hoe deze business echt werkt.

Inhoudsopgave

1. Hoe kan ik met 500 euro trader worden?
2. Hoe krijg je een goede routine in trading?
3. Een gedisciplineerd trader worden!
4. Het sprookje van de samengestelde rente
5. Hoe trade je een 500-euro-rekening?
6. Social Trading
7. Met een broker praten
8. Hoe word je een professionele trader?
9. Traden voor een hedgefonds?
10. Leer netwerken!
11. In 7 stappen naar een professionele trader
12. 500 euro is veel geld.

Over de auteur

Heikin Ashi Trader wordt wereldwijd gezien als de specialist in scalping met de Heikin Ashi grafiek. Hij handelt al 19 jaar op deze manier. Hij werkte voor een hedgefonds en ging daarna op eigen houtje Zijn scalpingboek "Scalpen is leuk!" is een internationale bestseller en werd meer dan 30.000 keer verkocht. Meer informatie over zijn scalpingmethode vindt u op zijn website: www.heikinashitrader.net.

Colofon

Tekst: © Copyright by Heikin Ashi Trader

12 Carrer Italia, 5B

03003 Alicante, Spain

Alle rechten voorbehouden

Niets uit deze uitgave mag worden verveelvoudigd, opgeslagen in een geautomatiseerd gegevensbestand, of openbaar gemaakt, in enige vorm of op enige wijze, hetzij elektronisch, mechanisch, door fotokopieën, opnamen, of enige andere manier, zonder voorafgaande schriftelijke toestemming van de uitgever. Ondanks alle aan de samenstelling van dit boek bestede zorg kan noch de uitgever noch de auteur aansprakelijk worden gesteld voor eventuele schade die het gevolg is van enige fout in deze uitgave.

Eerste oplage 2017

www.ingramcontent.com/pod-product-compliance
Lightning Source LLC
Chambersburg PA
CBHW061223180526
45170CB00003B/1139